Para meus netos (filhos com açúcar).

1ª reimpressão
novembro de 2019

Ruthinha Salem

Cozinha árabe vegetariana

2019

Foto gentilmente cedida por João Farkas

Prefácio

Neta de imigrantes sírios e libaneses, sou da segunda geração nascida no Brasil. Meus avós Miguel Calfat e Nagib Salem vieram com as primeiras imigrações nos anos 1800.

Passei minha infância proibida de entrar na cozinha (para não ficar cheirando comida...).

Mas...que delícia! Enormes (talvez eu que fosse pequena) vidros de especiarias típicas do Oriente Médio. Um pilão de mármore para socar o trigo e o quibe...

Ficava observando a muito querida Chica, cozinheira da Vovó Sálua, preparar o delicioso almoço.

Como tudo que é proibido é querido, passei a me interessar pela cozinha árabe que me deliciava desde a infância.

Estudei várias línguas e sempre viajei muito com meus pais e depois sozinha.

Estudei na Inglaterra e ainda adolescente fui conhecer o Oriente Médio: Grécia, Turquia, Egito, Líbano, Síria, Jordânia, Marrocos e mais tarde os Emirados Árabes.

Sempre apreciando os aromas e sabores tão conhecidos da minha infância.

Tia Adélia (Adèle) Salem Gabriel, irmã do meu pai, escreveu um dos primeiros livros de cozinha árabe do Brasil. Muitas vezes ela nos convidava para degustar o mesmo prato, feito com diferentes receitas a fim de elegermos o melhor para constar no livro.

Era muito divertido, eu era pequena e adorava, pois, sempre tinha uma sobremesa especial!

Em 1975 me casei e fui morar no Líbano, depois no Cairo, Paris e devido a guerra no Líbano, voltamos para São Paulo onde nasceram minhas filhas.

Nos anos 80 resolvi ser vegetariana.

Qual não foi minha surpresa ao encontrar nesta cozinha milenar, inúmeras receitas vegetarianas. E outras fui adaptando com o passar dos anos...

Espero que este livro desperte e inspire os sentidos de todos que procuram novidades saudáveis para suas refeições do dia a dia.

Escrever este livro foi um mergulho nas minhas origens, um retorno à minha infância e uma viagem às aventuras pelos países árabes dos anos 60 aos dias atuais.

Produzir foi ainda mais incrível! Talheres, copos, travessas, toalhas, bandejas, pratos...de família! Quantas memórias!

Todos estavam presentes: avós, tias-avós, primos, primas.

Papai (que odiava cheiro de comida na mamãe e em mim).

Mamãe e suas sobremesas divinas.

Posso dizer que foi um "flash back" e uma terapia.

Lembrei-me de coisas queridas e esquecidas com o passar da vida.

Este conjunto especial de acontecimentos tornou possível este livro.

Dedico-o ao leitor que vai se aventurar comigo nestes momentos saborosos.

RUTHINHA SALEM
4 de março de 2018

Sou descendente de Libanês. Minha família saiu das montanhas cristãs do Líbano para chegar à costa da Bahia e fazer a nossa história em Salvador. Na casa de minha avó Helena Mansur, tudo girava em torno da comida. Toda socialização, a tradição oral de valores e costumes, era feita em torno da mesa de almoço.

Quando fui visitar o Líbano com minha família, a maneira generosa e exagerada com que éramos recebidos em todos os lugares reafirmou minha convicção de que ser libanês é compartilhar o prazer de cozinhar, servir e dividir.

Ruthinha Salem, esta fidalga pessoa que conheci na bela Trancoso, traz de maneira ainda mais generosa, neste livro literalmente delicioso e moderno, editado por uma prestigiosa editora brasileira, um passo saboroso no mundo da diversidade.

Viajada, uma mulher que conhece o mundo e viveu por ele, Ruthinha Salem, que decidiu a uma certa altura da vida, ser vegetariana, encontrou no mezze árabe uma série de receitas já veganas e foi além. Com essa criatividade de berço e mundo misturados, ela avançou em receitas que naturalmente levariam carne. Retirou a carne da receita, sem tirar o sabor. Os pratos milenares da cozinha árabe reescritos com os temperos e as novas sabedorias da modernidade. Passado e futuro sentados à mesa.

Um livro de cozinha árabe vegetariana, ou seja, uma modernização, uma inclusão.

Vegetariano e cozinha árabe? É possível? É! Você vai ler, você vai provar e Ruthinha vai mostrar que são conciliáveis sim.

Dizer o contrário é preconceito e o futuro chegou. O futuro é inclusivo. Vegetarianos libaneses ou veganos amantes de nossa cozinha, este presente com cara de futuro chegou para nossas vidas e nossas mesas. E assim Ruthinha Salem, graças ao trabalho dedicado e incansável, compartilha da nossa cultura e bem da nossa maneira, essa vontade enorme de nós libaneses reunirmos o mundo à nossa mesa.

Mundo, tá na mesa!!!

NIZAN GUANAES
Empresário e publicitário

Cresci lendo histórias das Mil e Uma Noites e ia me envolvendo naqueles ambientes mágicos que eu só conhecia na minha imaginação.

Sempre fui apaixonada por cinema e assistia filmes que se passavam em lugares exóticos, me transportando para climas e atmosferas que me fascinavam.

Talvez por minha mãe ter nascido em Istambul e parte da minha família materna ter passagens pelo misterioso Império Otomano, tudo me encantava, com suas lendas e personagens em um mundo perdido no tempo.

As impressões eram vívidas e eu podia sentir o vento do deserto, ver as noites estreladas com sua pequena lua em quarto crescente e aquela estrela junto dela. Sentir o calor, os perfumes do oriente exalando um ar adocicado e sensual com seus véus, cores e mistérios. Tudo isso me fazia viajar.

Nos filmes, sempre tinha uma cena onde a comitiva, depois de uma longa travessia em cima de camelos, finalmente chegava a uma tenda no deserto e se sentava para compartilhar uma refeição. A generosidade da recepção, a quantidade e variedade das comidas eram marcantes.

A hospitalidade do mundo árabe é famosa, e, na mesa ou na tenda, no chão entre almofadas, todos os povos se parecem com sua alegria de receber, comer e repartir.

Se os inimigos pudessem compartilhar o alimento, e juntos saborear receitas, com certeza não existiriam guerras. A delícia da comida desperta os sentidos e une todos os povos. Seríamos todos amigos, nos compreendendo melhor, com um desejo de troca e conexão.

O ritual da comida é de paz.

Tenho amigos de muitas nacionalidades e com eles descubro a maravilha de suas comidas típicas e diferentes. Aprendi a valorizar cada nuance do paladar e a me apaixonar pela cultura de cada lugar, compreendendo o prazer dos aromas e sabores.

Uma amiga querida, a Ruthinha, me surpreendeu com este livro, que resgata receitas delicadas e deliciosas. E por ela ser uma pessoa tão generosa, que ama o que faz, quis passar estas delícias para o deleite de todos.

Se todos os povos, através de suas comidas espetaculares, pudessem se unir e desfrutar o prazer de compartilhar companhia e sabor, teríamos sem dúvida, a felicidade de um mundo melhor.

BRUNA LOMBARDI
Escritora e atriz

Cozinha afetiva, para mim, é a mais saborosa que existe; cozinha com amor e histórias, mais saborosa ainda!

Os aromas e os sabores me transportam para momentos de alegria em volta da mesa.

As cozinhas árabe/libanesa fizeram parte da minha infância na casa da minha avó materna Ione Abyazar. A fusão do tempero árabe com o baiano formou o meu paladar: meio picante, meio ácido e com uma pitada de doçura, sempre com muita fartura.

Ruthinha e a família Salem também fizeram e fazem parte da minha memória afetiva, desde a infância. Já nos encontramos ao redor de mesas, mundo afora, em momentos muito especiais.

Cozinhar e alimentar pessoas é um grande ato de amor, e compartilhar receitas de família, um lindo ato de generosidade.

Nesta edição, Ruthinha nos oferece um grande presente.

Que possamos desfrutar de maneira completa deste delicioso e saudável livro de receitas.

MORENA LEITE
Chef de cozinha

Legenda

V — Vegetariano

VG — Vegano

SG — Sem Glúten

Sumário

Introdução   15

Especiarias   17

Oleaginosas, gordura do bem!   23

Mezze   25

Pastas   29

Coalhadas   35

Saladas   49

No azeite   63

Legumes recheados   75

Molokhia ou Moluhie   81

Ensopados   85

Arroz   91

Quibes   97

Esfihas   105

Ovos   113

Grãos   117

Charutinhos   131

Doces   137

Bebidas   155

Agradecimentos   165

Índice Remissivo   167

Introdução

Caminhar pelas ruas de um país árabe, no horário do almoço, é uma aventura de aromas. É impossível não ficar com água na boca!

Cada cidade, cada vilarejo tem sua especialidade culinária. Você poderá apreciar a cozinha árabe em geral com algumas variações, como por exemplo, no tabule a quantidade de salsinha e trigo varia enormemente, e ainda existe a opção com pepino ou sem...e assim por diante.

É uma cozinha sabiamente equilibrada, com a quantidade certa de fibras, vitaminas, proteínas, carboidratos etc.

Pensando bem, não poderia ser diferente! Noé aportou por aqueles lados. Jesus nasceu e viveu por lá. Importante rota comercial de navegadores, como os Fenícios, que estabeleceram notáveis centros urbanos na região... Sem esquecer os faraós!

Agora vamos ao que realmente interessa. Venham comigo nesta aventura gastronômica por terras e mares, países místicos e distantes, com aromas e sabores de uma alquimia única!

Chegando a um restaurante ou sendo convidado a uma residência, ou até mesmo a uma tenda no deserto, somos acolhidos com uma exuberância de deliciosas entradas. Em qualquer destes lugares, a refeição é nutrida pela conversação e pela música; onde o social é tão importante quanto a culinária, e o prazer visual é tão solicitado quanto o paladar.

Todos os sentidos são aguçados.

Tudo é degustado lentamente e aos bocados...

Especiarias

Muitas das especiarias valiam quase seu peso em ouro, sendo utilizadas como moeda de troca. Deram início às grandes navegações dos séculos XV e XVI.

"Quando eu era menina, as especiarias chegavam do Oriente Médio quando alguém da família ou algum amigo as trazia. Os meios de comunicação naquela época eram muito difíceis; era muito caro viajar. Era uma raridade ter essas especiarias. Ficavam bem guardadas e escondidas das crianças!"

Açafrão

Para se obter algumas gramas de açafrão são necessárias milhares de florzinhas, por isso é a mais cara das especiarias.
Cultivado desde 2300 a.C.
Rico em vitamina A.

Caraway

O caraway é também conhecido como "Cominho da Pérsia".
Uma excelente fonte de vitaminas, minerais e é antioxidante.
Pode contribuir para aumentar o leite de quem está amamentando e diminui cólicas em geral.
Diz uma lenda que se colocarmos uma semente de caraway num objeto, este nunca será roubado...

Cardamomo

Tem cheiro e gosto marcantes, levemente apimentado.
É uma especiaria milenar, provável dona de poderes afrodisíacos, usada no café turco e em doces.
Conta a lenda que Cleópatra tomava banhos com cardamomo, provavelmente para aumentar o seu poder de sedução.
É bom para o coração.

Cominho

Conhecido desde a mais remota Antiguidade, suas sementinhas são parecidas com as da erva-doce.
Era considerado um remédio para todos os tipos de cólicas.
Muito utilizado também na cozinha dos países do Mediterrâneo, da Índia, do México, da Alemanha, entre outros.

Cravo-da-Índia

Oriundo das ilhas Molucas na Indonésia.
Única especiaria que usa o botão da flor.
Tempera doces e salgados.
Tem efeito antioxidante.
No Oriente durante o verão, os tapetes são enrolados com cravos para espantar as traças.

Gergelim

Não se tem certeza da origem do gergelim, sabemos que é uma das mais antigas plantas cultivadas pelo homem.
Encontrada nas tumbas dos faraós.
Rica em minerais como: manganês, cobre, ferro, cálcio, sódio, fósforo, além das vitaminas B e E. É antioxidante.
Consumido em sementes cruas, torradas ou moídas, em óleo e em pasta.
Usado nas receitas doces e salgadas.

Hortelã ou menta seca

Existem inúmeras espécies de hortelã; é quase impossível enumerá-las.
A hortelã contém magnésio e potássio.
Usada para combater resfriados, infecções da garganta e como antiinflamatório. Tem propriedade antialérgica.

Miski (resina vegetal)

Essa iguaria é a resina da aroeira de Chios na Grécia.
Apesar de existir aroeiras em todo o Mediterrâneo só as de Chios produzem a resina que é usada como goma de mascar há mais de 2000 anos.
A árvore é perfurada algumas vezes fazendo a resina escorrer e secar ao pé da árvore (que foi devidamente preparada). Seca em dois dias e só então as pequenas lágrimas são colhidas.
Esta colheita só é possível de julho a outubro.

"Na casa da minha mãe tinha uma despensa comprida, com prateleiras de mármore bem espessas que eu conseguia subir para pegar o pote de miski, que ficava na última prateleira. Adorava mascar os pedacinhos de miski, como se fossem chicletes. De fato, o miski foi a primeira goma de mascar do mundo e é utilizada em doces e sorvetes."

Noz-moscada

Também oriunda das ilhas Molucas na Indonésia.
É a amêndoa do interior da semente do fruto da moscadeira que é seca e utilizada como tempero em receitas doces ou salgadas.

Pimenta-do-reino

Uma linda trepadeira da Índia, chamada de Ouro Negro pelos comerciantes. A mais popular das pimentas.
Colhida verde e seca ao sol, fica preta e enrugada.
Melhor se moída na hora.
Ela auxilia na digestão, tem ação antioxidante e anti-inflamatória.

Pimenta síria (Bahar)

É um tempero típico, indispensável para alguns dos pratos árabes.
Composto por: pimenta-do-reino, pimenta-da-jamaica, canela, cravo e noz-moscada, moídos juntos e misturados.
Tem gosto perfumado, levemente adocicado, suave e delicado.

Sumac

O sumac é um condimento que vem de um fruto vermelho parecido com cerejas. Nasce em arbusto selvagem e é encontrado em todo Oriente Médio e também no Mediterrâneo especialmente na Sicília e no sul da Itália.
Um ingrediente essencial na cozinha árabe.
Rico em óleos e minerais.

Zatar ou Za'Atar

Uma mistura de especiarias usada como condimento.
Originária do Oriente Médio, desde os tempos medievais.
Possui propriedades curativas.
Composta de tomilho seco, manjerona seca, orégano seco, sumac, sementes de gergelim tostadas, sal.
Cada país, cada cidade, cada vila ou ainda cada família tem a sua própria receita secreta de zatar.
Perfumada. Se usada no café da manhã antes das provas escolares, dizem que ajuda até a passar de ano!

CHEIROS E AROMAS

"Eram muitos!

Temperos, cebola, alho...

Adorava meus momentos na cozinha.

Tudo que é proibido é querido. Aí começou meu interesse pela cozinha.

Mesmo na nossa casa, papai me proibia de ficar na cozinha.

– Menina! Vai ficar cheirando comida!

Por esse motivo, mamãe só fazia as sobremesas, aliás, deliciosas!

Tinha uma janela para passar as travessas prontas entre a cozinha e a copa e depois para a sala de jantar.

Ficava sentada lá, na bancada de mármore, vendo a Zezé cozinhar. Zezé era a cozinheira da casa dos meus pais.

Levava a maior bronca quando me achavam lá.

– Menina sai daí!

– Mas, papai, estou na copa! Não na cozinha!

– Banho, lava os cabelos, troca de roupa.

Pronta para ir à sala.

Bons tempos!"

"Na casa de minha avó, o galinheiro do Carlos era divertido, porém cheirava muito mal!

Já minhas tias, usavam perfumes adocicados de flores e batom vermelho. Isso era um problema: beijar todas na chegada e na saída!

Ainda tinha as que apertavam minhas bochechas! – Socorro!!!

Trauma: até hoje não consigo beijar crianças pequenas (por respeito). Só meus netinhos.... kkk

As flores e os frutos do jardim também eram perfumados, uma delícia! Oba! As jabuticabeiras estão cobertas de florzinhas brancas. Não se pode mexer, tem que se ter paciência e esperar as jabuticabas.

Os pés de romã estão floridos.

Os limoeiros carregados...

Mas a cozinha era o melhor lugar da casa!"

Oleaginosas,
gordura do bem!

As oleaginosas sempre fizeram parte da culinária do Oriente Médio.
Tanto nos pratos salgados como nas receitas dos doces.
Pistaches, amêndoas, nozes, castanhas, snoubars...
Todas dão energia, são ricas em fibras solúveis, vitaminas, minerais, ômega 3.
Fazem bem para o coração, equilibram o colesterol, mas por conterem alto teor de gordura podem contribuir para aumento de peso. Quando salgadas podem contribuir para aumentar a pressão arterial. Por isso devem ser consumidas com moderação.

Dica: Amêndoas, nozes, snoubars para decorar os doces devem ficar de molho em água na véspera. Ficam macias e deliciosas.
Snoubar ou pinoli é uma regalia! Pode ser substituído por outras oleaginosas de sua preferência.

Mezze

O Mezze é encontrado em todos os países que constituíram o Império Otomano.

Basicamente formado por inúmeros pequenos pratos, podemos chamá-lo de aperitivo.

Fazem parte do Mezze: Azeite de oliva, Azeitonas , Babahanush, Homus, Mahamara, Charutinhos, Coalhadas, Esfihas, Falafel, Fatuche, Tabule, Tomates, Alface romana, Zatar, Pão sírio, Pão Papel.

Dica: Se for servir muitos pratos quentes ou Moluhie, faça um Mezze mais leve, com menos variedades. De qualquer maneira, sempre sirva o Mezze.

<<< Todo o material usado nas fotos é herança de família ou foi adquirido durante as muitas viagens que fiz pelo mundo árabe. A foto do Mezze é um bom exemplo: toalha de mesa de Damasco; talheres de Jezzine (Sul do Líbano); descanso de talheres do Líbano; pratinhos de servir do Líbano, da Síria, da Jordânia e da Turquia; copos do Marrocos; enfeite do guardanapo do Líbano. Outras peças queridas de cristal, os talheres e as louças contêm muita história para contar... Tudo guardado e preservado com muito amor.

Pão sírio ou Pita e Pão Papel ou Folha ......

Consumido em todas as refeições do dia a dia, o pão serve também como substituto do talher, não só nas tendas do deserto, mas também nas residências e nos restaurantes mais sofisticados.

Com o pão são pegos e degustados as comidas e os molhos; os pratos ficam praticamente limpos!

O pão já era assado desde a Mesopotâmia por volta de 2500 AC.

O forno de barro em forma de meia esfera é ainda utilizado nos restaurantes árabes. As duas metades do pão se separam formando o interior oco, isso graças à diferença da temperatura superior e inferior na hora de assar.

Lindo é ver a leveza de como é manipulada a massa, geralmente pela matriarca da família.

O pão Folha ou Papel é aberto em uma almofada redonda e depois virado na esfera do forno de barro, pré-aquecido à lenha.

Um show e uma delícia!

Dica: O pão sírio fica mais bonito, e fácil de consumir, se servido cortado em quatro. Para isso use uma tesoura.

Azeite de oliva ....

Quando Noé achou que as águas do dilúvio já tinham escoado e que existia a possibilidade de terra firme, soltou uma pomba e pediu que ela voltasse com um sinal...e a pomba voltou trazendo um ramo de oliveira; assim Noé ficou sabendo que as águas tinham secado.

O azeite, usado há milhões de anos, é muito benéfico para a saúde. Indispensável na cozinha e na mesa.

Por ser uma gordura, contém alto valor calórico.

Azeitonas ....

As azeitonas são nativas da região árabe.

Podem ser temperadas de várias maneiras: com água, azeite e vinagre, ou com limão, alho, pimenta e azeite.

As azeitonas colhidas no mês de setembro são amargas, portanto devem ser machucadas com uma colher de pau e imergidas em água durante dez dias. A água deve ser trocada diariamente.

As azeitonas colhidas no mês de novembro são azeitonas maduras, de coloração verde escura. Deve-se proceder da mesma forma.

As azeitonas colhidas entre dezembro e fevereiro são consideradas azeitonas que amadureceram no pé e, portanto, não são amargas. Este tipo de azeitona pode ficar imersa em água e sal a gosto durante uma semana e depois coberta com azeite de oliva. Pode ser consumida depois de uns dois dias.

Pastas

O Tahine é a base das receitas de Babahanush, Homus, e do Molho Taratour. Muito usado em todo Oriente Médio, é um molho espesso feito com sementes de gergelim torradas. Excelente fonte de proteína e cálcio e rico em gordura. Compra-se pronto em bons supermercados e lojas especializadas.

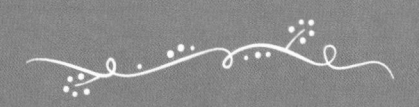

<<< Marchetaria da mesa feita em Trancoso (Bahia) por meu primo Ricardo Salem que usou a técnica milenar da marchetaria síria.

Pasta de berinjela (Babahanush)

Serve 6 pessoas

Ingredientes:
2 berinjelas grandes
1 pouco de alho socado (opcional)
2 colheres de sopa de tahine
4 colheres de sopa de azeite
½ limão espremido
Sal a gosto

Modo de preparo:
Na boca do fogão, asse as berinjelas com casca, sempre girando até que fiquem moles por igual.
Descasque as berinjelas.
Amasse com garfo.
Misture o alho e o sal ao tahine e ao limão.
Misture à pasta de berinjelas.
Arrume numa travessa, regue com azeite.
Decore com salsinha.
Depois de pronta fica com um delicioso gostinho defumado.

Pasta de grão-de-bico (Homus)

Serve 6 pessoas

Ingredientes:
2 xícaras de grão-de-bico
2 colheres de sopa de tahine
2 limões grandes espremidos
4 colheres de sopa de azeite
Alho socado (opcional e a gosto)
Sal a gosto

Dica: Para tirar a pele, envolva o grão-de-bico cozido em um pano de prato e passe um rolo de macarrão sobre o pano de prato. A casca solta muito facilmente!

Modo de preparo:
Coloque o grão-de-bico de molho de véspera em água.
Cozinhe-o no dia seguinte até ficar macio, não muito mole.
Tire as cascas e deixe esfriar.
Coloque o grão-de-bico descascado no liquidificador e bata acrescentando os outros ingredientes, dosando com o azeite até ficar uma pasta macia. Adicione sal. Sirva gelado.

Pasta de pimentão vermelho (Mahamara)

Serve 6 pessoas

Ingredientes:
2 pimentões vermelhos
1 cebola média
½ copo de nozes trituradas
½ limão grande
½ colher de chá de coentro
½ copo de azeite
1 colher de sopa de farinha de rosca torrada (para dar a liga)
Sal a gosto

Dica: Todas as pastas são servidas com pão sírio. Aliás, todas as comidas árabes devem ser servidas com pão sírio.

Modo de preparo:
Coloque os pimentões no forno sem as sementes, até ficarem macios e, retire as cascas.
Bata na batedeira com os outros ingredientes, exceto o azeite que é acrescentado ao final.
Deixe de fora algumas nozes para enfeitar e regue com azeite.
Pimentão é excelente fonte de vitamina C e caroteno.

OS GATINHOS DA CHICA

"Encontro Chica subindo as escadas da cozinha. Gordinha, subia bem devagar!

- Chica, Chica tem gatinhos?
- Tem não menina, tem não!

Vovó odiava os gatos da Chica que virava e mexia tinham filhotes.

Mas eu sabia pelo jeito da Chica responder que tinham gatinhos.

Lá ia eu pelo jardim, tentando ouvir alguns miados pelas janelas do porão.

Delícia de miadinhos bem fininhos, sim tinham!

Entrava no porão e roubava um ou dois gatinhos da mamãe gata.

Levava eles até a cozinha, na saia do meu lindo vestido.

Chica tinha um ataque!

Levava os gatinhos de volta e em troca do meu silêncio ela me deixava ficar escondida na cozinha vendo-a misturar os ingredientes e, como que num passe de mágica, enfeitar as enormes travessas.

Quando o almoço estava servido Chica ia até o terraço da cozinha e tocava o sino.

O jardim era enorme e a casa também. O sino era a melhor solução."

Coalhadas

A coalhada é consumida há séculos, desde os primórdios, e seu preparo é um dos processos culinários mais antigos de que se tem conhecimento.
Pode ser preparada com vários tipos de leite: de vaca, de cabra ou de búfala, resultando em coalhadas de diferentes sabores e consistências: sem sal, salgada ou doce; líquida ou pastosa.
Rica fonte de proteína e cálcio.

"Chica mantinha um pote enorme, de manteiga clarificada, sempre cheio, na cozinha.
Que lindos potes..."

Dica: Feita com o leite desnatado a quantidade de gordura é mínima (ou zero), o total de calorias bem menor e a quantidade de proteína e de cálcio a mesma daquela feita com o leite integral.

Curiosidade: Nos textos antigos do Oriente e proximidades, a manteiga foi usada como moeda.
Também como oferenda aos deuses; e também foi encontrada em lamparinas ...
Manteiga é saudável, fonte de vitamina A, rica em gordura.
Já era usada clarificada (Ghee). Ela não é um substituto do leite.

<<< As coalhadas foram fotografadas nos pratos das tias Lili e Emilie (irmãs da Vovó Salua).

Coalhada fresca

Serve 5 pessoas

Ingredientes:
1 litro de leite integral
2 colheres de sopa de coalho ou de iogurte integral

Modo de preparo:
Ferva o leite e deixe-o esfriar até ficar suportável ao tato.
Para conferir coloque o dedo no leite e conte rapidamente até dez.
Se aguentar a temperatura do leite, está no ponto certo, mais ou menos
a 58 graus Celsius.
Coloque o leite na vasilha em que for servir, reservando uma xícara do
leite para dissolver o coalho.
Em uma tigela, despeje a xícara de leite e dissolva o coalho, mexendo bem
até ficar homogêneo.
Adicione devagar esta mistura ao leite morno, sempre mexendo no
mesmo sentido.
Com um cobertor infantil, prepare um ninho para agasalhar a vasilha.
Coloque a vasilha no centro do ninho.
Tampe a vasilha com um prato e cubra bem com o cobertor.
Deixe descansar de 4 a 6 horas em algum lugar que não tenha correntes
de ar. No verão fica pronta em 4 horas.
Não mude de lugar nem descubra enquanto estiver no processo de
coalhar. Deve-se evitar qualquer movimento.
Controle a curiosidade!
Finalmente descubra, troque o prato, e coloque a vasilha na geladeira.

Dica: O coalho pode ser o resto da coalhada anterior, ou a
coalhada fresca ou o iogurte comprados prontos.

Coalhada seca

Serve 5 pessoas

Ingredientes:
1 litro de leite integral
2 colheres de sopa de coalho ou de iogurte integral
Sal a gosto
Azeite

Modo de preparo:
Prepare a receita de coalhada fresca (ver página 37).
Misture com uma pitada de sal (opcional).
Coloque num coador (melhor um de pano feito para esse uso; um
saquinho retangular de 20 cm de altura por 15 cm de largura com
cordão para amarrar). Pode usar um coador de café, de papel ou de
pano, novo.
Feche bem o saco e pendure na torneira da pia por quatro horas ou
mais (dependendo da espessura do tecido ou papel) até parar de pingar.
Coloque uma tigela embaixo para o soro.
Retire a coalhada do coador ou saco. Adicione sal.
Regue com azeite extra virgem. Coma com pão sírio, azeitonas e uma
folhinha de hortelã.
Guarde-a na geladeira.

*"O meu saquinho para escorrer a coalhada tem uma lembrança
afetiva, é feito com um pedaço de saco de açúcar da sacaria que
meu pai tinha."*

Dica: Lave o coador de pano e coloque para ferver só
com água. Depois, deixe secar, de preferência ao sol, para não
cheirar azedo.
Se a coalhada ficar muito seca, você pode batê-la com um pouco
de leite frio, até chegar ao ponto desejado.

Bolinha de coalhada no azeite

Serve 5 pessoas

Ingredientes:
1 litro de leite integral
2 colheres de sopa de coalho ou de iogurte integral
Sal a gosto
Azeite

Modo de preparo:
Faça a receita de coalhada seca (ver página 39), mas deixe escorrendo por mais tempo; umas 12 horas.
Quando estiver bem seca coloque um pouco de sal.
Amasse e faça bolinhas de um a dois centímetros de diâmetro. Mergulhe no azeite.
Sirva com pão sírio fresco ou torrado.

Tâmaras na coalhada

Serve 1 pessoa

Ingredientes:
150 g de coalhada fresca
2 a 3 tâmaras grandes e carnudas

Modo de preparo:
Corte a tâmara em sentido longo e com cuidado retire o caroço.
De véspera, coloque as tâmaras na coalhada, cubra e deixe na geladeira.
No dia seguinte as tâmaras estarão macias, maravilhosas e a coalhada
estará doce.

*"Delicioso e nutritivo café da manhã. Comi pela primeira
vez no Cairo."*

Pepino na coalhada

Serve 6 pessoas

Ingredientes:
1 litro de coalhada fresca
2 pepinos (tipo japonês)
½ a 1 dente de alho (opcional)
1 colher de sopa rasa de hortelã seca e esfarelada
Hortelã fresca para enfeitar
Sal a gosto

Modo de preparo:
Use uma tigela funda.
Corte o pepino em rodelas finas, com ou sem casca.
Misture o pepino, o alho, a hortelã seca e o sal, na coalhada fresca.
Leve à geladeira e sirva com hortelã fresca.
Ótima opção para dias quentes de verão.

Dica: Adicione outros condimentos a seu gosto, como por exemplo, pimenta.

Berinjela com coalhada, zatar e romã

Serve 6 pessoas

Ingredientes:
2 berinjelas grandes
1 romã
4 colheres de sopa de coalhada seca
1 colher de sopa de zatar
4 colheres de sopa de azeite
½ dente de alho
Pimenta síria e sal a gosto

> *Dica:* O azeite com zatar (zatura) pode ser reutilizado. Guarde fora da geladeira.

Modo de preparo:
Corte as berinjelas ao meio no sentido longitudinal.
Coloque as berinjelas em uma assadeira forrada com papel alumínio, com a polpa virada para cima.
Unte as berinjelas até que a polpa absorva o azeite.
Adicione sal e pimenta a gosto.
Asse em forno preaquecido até que esteja macia e levemente dourada.
Deixe esfriar completamente.
Quando frias coloque na travessa que vai servir.
Enquanto estiver esfriando, prepare o recheio.
Corte a romã ao meio e retire delicadamente as sementes.
Misture o zatar no azeite até que fique uma pasta mole.
Misture numa tigela a coalhada seca, o alho, o sal e parte do zatar.
Coloque a mistura, generosamente, sobre a berinjela e polvilhe com muitas sementes de romã, acrescente o restante do zatar.
Regue com azeite.

> *Dica:* Para retirar as sementes inteiras, corte a romã ao meio e coloque em cima da boca de um copo plástico. Bata com uma colher de pau até que todas as sementes tenham caído. Sempre tendo em mente que está adicionando saúde e sorte às receitas!

TRAVESSURAS

"Tinha a sala de almoço das crianças e a dos adultos.

Éramos 18 netos e 2 bisnetos. Uma farra! Assim que a Chica cozinheira tocava o sino, íamos, todas as crianças, correndo escada acima, almoçar!

O telefone preto de parede ficava, não sei por que, na sala de almoço das crianças.

Vovó sempre vinha atendê-lo. Adorava vê-la desligar e só depois falar 'até logo!'

Resumo: Vovó, sem perceber, desligava na cara das pessoas...

Tinha um móvel onde Vovó guardava balinhas coloridas em vidros. Um para cada neto.

Um enorme lustre de alabastro ficava acima da mesa e nós fazíamos tiro ao alvo com as tampinhas de garrafa de refrigerante e depois acendíamos a luz para ver como ficava lindo! Segunda-feira, bronca! Coitado do Carlos, o teto era muito alto, difícil limpar o lustre.

Na sala de jantar dos adultos tinha um relógio carrilhão que tocava dando as horas cheias e também a meia hora. Tic-tac com o pêndulo dourado.

A mesa era enorme, Vovó e Vovô, seis filhos, noras, genros e amigos.

Crianças...proibidas!

Eu sempre entrava engatinhando e sentava embaixo da mesa nos pés da mamãe que se divertia com as minhas travessuras.

Quando me achavam, era convidada a me retirar...

– Esta menina! falava Vovó.

Para alegria da família, a maior parte dos netos eram meninos (doze) e das poucas meninas, nenhuma da minha idade.

E assim foi minha infância, seguindo ou liderando as travessuras."

Saladas

Tabules de diferentes regiões...
O tabule libanês é uma salada com muita salsinha e pouco trigo.
No tabule sírio vai mais trigo e também pepino.
No tabule marroquino vai "cuscuz marroquino", semolina.
Com pequenas variações, um mais verde, outro mais colorido, mas sempre
com muito sabor e aroma, o tabule é um prato bem refrescante!

Curiosidade: Sobre os ingredientes do tabule...
Trigo: os egípcios atribuem seu aparecimento à Deusa Ísis.
Cebolinha: Inúmeros são os benefícios da cebolinha para a saúde.
Boa para o sistema imunológico, para o coração, melhora o
sistema digestivo, ajuda contra o Alzheimer. Rica em vitamina C e
mais importante, em vitamina K que não é encontrada facilmente.
Forma o buquê de cheiro-verde com a salsinha.
Salsinha: Antes de se tornar uma das ervas mais usadas na
alimentação a salsinha era considerada sagrada. Contam que
as bruxas a usavam nas poções para voar. Boa para o fígado e
como estimulante cerebral. Fonte de vitaminas A, C, B2 e B12.
Faz parte do buquê de cheiro-verde. Existe salsa lisa ou crespa,
fresca ou seca.
O aroma da salsinha e da cebolinha picadas enche a casa...É uma
delícia, abre o apetite!

<<< A madeira das centenárias oliveiras é usada para fabricar maravilhosas tigelas,
saladeiras (como esta!) e talheres para servir.

Tabule libanês

Serve 6 pessoas

Ingredientes:
1 xícara de trigo para quibe
4 maços de salsa
1 maço de cebolinha
1 maço de hortelã
6 tomates maduros
½ xícara de suco de limão
1 xícara de azeite
Pimenta síria e sal a gosto

Dica: Coma com as mãos! Faça uma concha com a alface e recheie com o tabule.

Modo de preparo:
Lave o trigo, trocando de água várias vezes até a água ficar clarinha e deixe o trigo de molho por 10 minutos.
Esprema bem e coloque numa tigela funda.
Lave e pique a salsa, a cebolinha e a hortelã; escorra bem a água.
Lave e pique os tomates.
Coloque tudo na tigela com o trigo.
Adicione o suco de limão, o azeite, o sal e a pimenta síria.
Misture bem.
Sirva com alface romana inteira.

Dica: Para fazer um tabule sem glúten, substitua o trigo pela quinoa!

Curiosidade: A alface é nativa do vale dos rios Nilo, Tigre e Eufrates. Uma planta consagrada a Min, deus da fertilidade.
Existem hieróglifos de alface nas tumbas dos faraós.

Tabule sírio

Serve 6 pessoas

Ingredientes:
½ xícara de trigo para quibe
2 maços de salsa
4 tomates maduros
1 maço de cebolinha
1 maço de hortelã
1 pepino (tipo japonês), picado (pode deixar a casca)
1 cebola pequena picada
½ xícara de suco de limão
1 xícara de azeite
Pimenta síria e sal a gosto

Modo de preparo:
Deixe o trigo de molho por 10 minutos, troque a água até ficar clarinha, esprema bem.
Coloque numa tigela funda.
Prepare o limão, sal e azeite e misture.
Lave e pique bem todos os outros ingredientes adicionando ao trigo.
Sirva em uma travessa rasa acompanhada de alface romana inteira.

Tabule marroquino

Serve 6 pessoas

Ingredientes:
1½ xícaras de sêmola de trigo pré-cozida
4 tomates maduros
2 maços de salsa
1 maço de hortelã
1 maço de cebolinha
2 limões
1 xícara de azeite
Cominho
Canela
Pimenta-do-reino
Sal a gosto

Modo de preparo:
Em partes iguais coloque a sêmola de trigo num recipiente fundo, cubra com água morna, mexa, deixe descansar por 5 minutos, escorra com coador. Coloque em uma tigela funda.
Lave os tomates, retire as sementes, pique em pedaços bem pequenininhos.
Misture em outro recipiente o cominho, a pimenta-do-reino, a canela e sal a gosto.
Se para seu paladar faltar, acrescente mais tempero.
Misture estes temperos com os tomates e reserve.
Lave e pique a salsa, a hortelã e a cebolinha.
Misture com o suco dos limões e regue a sêmola.
Acrescente o tomate e o azeite, volte a misturar e deixe repousar uns 15 minutos na geladeira antes de servir.
Pode incluir pepino e azeitonas pretas sem caroço, picados.

Dica: A sêmola de trigo pré-cozida, você encontra no supermercado como Cuscuz Marroquino.

Fatuche

Serve 6 pessoas

Ingredientes:
2 pepinos (tipo japonês), cortados em cubinhos de mais ou menos 1 cm
2 tomates em cubinhos de mais ou menos 1 cm
1 pé de alface romana, pequeno
1 cebola cortada em tiras finas
1 maço de hortelã fresca
1 maço de salsinha
1 maço de cebolinha
1 pão sírio cortado em quadradinhos e torrado
½ xícara de azeite
Suco de 1 limão pequeno
Sal a gosto
1 colher de chá de sumac
1 colher de sopa de essência de romã
Zatar e romã para enfeitar

Modo de preparo:
Em uma saladeira, coloque primeiro os tomates, os pepinos, a cebola, o cheiro-verde e a hortelã. Tempere com azeite, limão, essência de romã, sumac e sal. Misture bem.
Depois acrescente a alface rasgada ou cortada, dê mais uma mexida.
Só na hora de servir coloque as torradinhas de pão sírio (para que não fiquem moles) e polvilhe o zatar e as sementes de romã.

Molho de gergelim (Molho Taratour)

Rende o suficiente para as receitas de cada salada a seguir.

Ingredientes:
2 xícaras de tahine
1 xícara de suco de limão
1 xícara de água
1 dente de alho socado
Sal a gosto

Modo de preparo:
Misture o tahine com o alho e o sal.
Vá dosando água e limão até ficar nem muito ralo nem muito espesso.
Este molho deve ficar com consistência mais líquida.

Salada de beterraba com Molho Taratour

Serve 4 pessoas

Ingredientes:
2 beterrabas
1 colher de chá de bicarbonato de sódio (opcional)
Sal a gosto
Molho Taratour (ver página 58)

Modo de preparo:
Cozinhe 2 beterrabas grandes com uma colher de café de bicarbonato.
Depois de esfriar, fatie as beterrabas em rodelas finas e regue com o
Molho Taratour.
Numa molheira, ofereça mais molho para quem quiser acrescentar.
Sirva frio.

Dica: O bicarbonato de sódio ajuda a preservar a cor da beterraba.

Salada de couve-flor com Molho Taratour

Serve 4 pessoas

Ingredientes:
1 couve-flor
Sal a gosto
Molho Taratour (conforme a
receita da página 58)

Dica: Também fica uma delícia com a couve-flor frita no azeite, empanada ou não.

Modo de preparo:
Cozinhe a couve-flor cortada "em arvorezinhas", como diriam meus netos!
Deixe esfriar e regue com uma parte do Molho Taratour.
Ofereça o restante do molho em uma bonita molheira para quem quiser mais.
Sirva frio.

Salada de talos de acelga com Molho Taratour

Serve 4 pessoas

Ingredientes:
1 maço de acelga
Suco de limão
1 colher de café de bicarbonato de sódio
Sal a gosto
Molho Taratour (conforme a
receita da página 58)

> *Dica:* As saladas
> com Molho Taratour são
> servidas com pão sírio,
> fresco ou torrado.

Modo de preparo:
Lave e corte os talos de acelga (mais ou menos 6 cm).
Cozinhe com o bicarbonato e sal.
Deixe escorrer bem.
Arrume numa travessa.
Regue com o Molho Taratour.
Sempre ofereça mais um pouco na molheira.
Sirva frio.

No azeite

Vagem no azeite

Serve 6 pessoas

Ingredientes:
1 quilo de vagem
4 tomates
2 cebolas cortadas em tiras finas
1 dente de alho socado
Pimenta-do-reino e sal a gosto
1 pitada de açúcar e gotas de limão (opcional)
Azeite

Modo de preparo:
Lave a vagem, tire as pontinhas e o fio.
Corte cada vagem em 3 ou em pedaços de 3 centímetros.
Numa panela doure o alho e a cebola no azeite.
Acrescente a vagem, o tomate, sal e pimenta-do-reino.
Coloque um pouco de água e cozinhe em fogo brando.
Se necessário adicione mais água fervente até que a vagem esteja macia.
Sirva na temperatura ambiente (com pão sírio).

Dica: A vagem fica mais bonita se cortada na diagonal.

Quiabo no azeite

Serve 6 pessoas

Ingredientes:
1 quilo de quiabo
4 tomates pequenos cortados em pedaços médios
1 cebola grande picada
Alho e coentro socados com sal e pimenta-do-reino a gosto
4 colheres de sopa azeite

Modo de preparo:
Frite os quiabos inteiros no azeite bem quente, não deixe escurecer.
Retire-os da frigideira e coloque-os em papel absorvente.
Refogue no mesmo azeite a cebola e a mistura de alho, coentro, tomates, sal e pimenta.
Coloque um pouco de água até levantar fervura.
Acrescente os quiabos e deixe cozinhando em fogo baixo até ficarem macios.
Sirva frio (com pão sírio).

Dica: Fica delicioso acrescentar algumas gotas de suco de limão na hora de comer.

Escarola no azeite

Serve 6 pessoas

Ingredientes:
2 maços de escarola
2 cebolas cortadas em tiras finas
1 colher de café de bicarbonato de sódio
1 dente de alho socado
Coentro e sal a gosto
Azeite

Modo de preparo:
Lave a escarola e corte as folhas em pedaços finos de 2 cm.
Cozinhe a escarola em pouca água acrescentando o bicarbonato e o sal.
Numa frigideira grande, doure no azeite a cebola, junte o alho, coentro e sal. Reserve metade.
Escorra a água da escarola já cozida apertando bem.
Coloque a escarola na frigideira dos temperos e refogue por mais alguns minutos para pegar gosto.
Espalhe numa travessa e por cima decore com a mistura dos temperos que foi reservada.
Coma com pão sírio e gotas de limão.

Curiosidade: De origem incerta, o coentro era usado para embalsamar corpos e usado também como planta medicinal pelos antigos egípcios.
Muito rico em vitaminas A e C.
Boa fonte de ferro e magnésio.
Antioxidante, reduz o nível de açúcar no sangue.
No Norte e Nordeste do Brasil faz parte do buquê de cheiro-verde, no Centro-Sul é vendido separadamente.

Espinafre no azeite

Serve 6 pessoas

Ingredientes:
2 maços de espinafre
1 cebola cortada de comprido
1 dente de alho socado
Sal a gosto
Azeite

Modo de preparo:
Tire as folhas do espinafre do talo e lave bem.
Doure em uma frigideira a cebola no azeite.
Acrescente o alho com sal.
Reserve metade da cebola.
Coloque o espinafre na frigideira misturando bem por 5 minutos.
Coloque numa travessa, decore com a cebola reservada.
Sirva com pão sírio e limão.

Favas no azeite (Ful Medammas)

 VG SG

Serve 4 pessoas

Ingredientes:
2 xícaras de favas deixadas de molho de véspera
2 dentes de alho amassados
1 xícara de azeite
Cominho e sal a gosto

Modo de preparo:
Cozinhe bem as favas e escorra.
Misture o alho, o cominho e o sal com um pouco da água do cozimento e
acrescente às favas. Junte o azeite e misture bem.
Sirva acompanhado de molho de tahine (separado para quem gostar),
tomate, pepino, hortelã e cebola crua.

Dica: Pode-se fazer esta mesma receita com feijão branco
gigante ao invés de favas.

Berinjela no azeite

Serve 6 pessoas

Ingredientes:
4 berinjelas descascadas e cortadas no sentido horizontal
1 xícara de grão-de-bico semi cozido
6 tomates grandes e maduros, pelados e picados
4 dentes de alho em fatias finas
2 cebolas
Pimenta síria
Salsinha picada
1 xícara de azeite
1 copo de água
Sal a gosto

Modo de preparo:
Frite as berinjelas e reserve.
Numa panela, frite as cebolas e o alho.
Acrescente metade dos tomates e o grão-de-bico.
Acrescente as berinjelas e por fim o resto dos tomates e água se necessário.

Tempere com sal e pimenta síria a gosto.
Cozinhe em fogo baixo.
Coloque numa travessa oval, enfeite com salsinha.
Sirva frio (com pão sírio).

OS BARULHOS

"Parece que foi ontem. Ainda consigo ouvir a força do motor do carro subindo a ladeira da casa da Vovó que ficava na Avenida Brigadeiro Luiz Antônio.

Os bondes iam e vinham com seu ruído peculiar.

Era domingo, dia de almoço na casa da Vovó.

Eu subia as escadas correndo para ser a primeira da fila a ganhar as balinhas de alcaçuz do Vovô Miguel. Ele tinha uma caixinha de ouro onde colocava as balinhas sem açúcar.

Muito tempo depois fiquei sabendo que ele era diabético.

Eu descia correndo (sempre correndo) para ir ao galinheiro ver o jardineiro Carlos recolher os ovos.

As galinhas cocoricavam reclamando.

O galo cantava e o loro chamava: - Carlos, Carlos!

Tinha também um pombal feito de madeira. Era muito alto para espiar os ninhos.

Ainda sinto curiosidade..."

Legumes recheados

Uma tradição nos países árabes é servir os legumes recheados, com ou sem molho de tomate.
Berinjela, batata, abobrinha, cenoura ou pimentões...
Podem ser servidos com coalhada fresca ou salada.
Muito simples de preparar, com baixo teor calórico.

Recheio para legumes

Rende o suficiente para as receitas das páginas 77 e 79

Ingredientes:
1 xícara de arroz
1 xícara de soja texturizada e granulada
½ xícara de snoubar, dourado na manteiga
1 cebola
1 dente de alho socado
Pimenta síria e sal a gosto
Azeite

Modo de preparo:
Refogue o arroz no alho e azeite e reserve.
Deixe a soja de molho em água quente por meia hora ou até ficar macia.
Esprema para retirar a água. Pode usar um espremedor de batata.
Numa vasilha misture o arroz, a soja e temperos.
Com esta mistura recheie o legume escolhido.
Não coloque muito recheio, pois o arroz e a soja crescem durante o cozimento.

Dica: Dependendo do que você estiver com vontade de comer, é possível substituir a soja por grão-de-bico, arroz com ervas ou arroz integral com ervas e grão-de-bico. Todas essas opções combinam muito bem com legumes!

Berinjela recheada

Serve 6 pessoas

Ingredientes:
6 berinjelas pequenas (não mini)
6 tomates cortados ao meio
1 cebola grande em cubinhos
1 colher de sopa de massa de tomate fresco
2 xícaras de chá de grão-de-bico cozido
1 xícara de chá de arroz integral praticamente cozido
Pimenta síria e sal a gosto
Salsinha
Azeite

Modo de preparo:
Corte a ponta da berinjela, do lado da haste.
Remova a polpa com um furador.
Deixe as berinjelas de molho em água e sal.
Refogue a polpa com azeite, cebola, sal e pimenta síria.
Misture com os grãos de bico, salsinha e o arroz integral.
Retire as berinjelas da água e recheie-as com esta mistura.
Coloque-as em uma panela e cubra com os tomates e a massa de tomate fresco diluída em água e cozinhe.
Sirva no próprio molho.

Abobrinha recheada

Serve 8 pessoas

Ingredientes:
8 abobrinhas pequenas
3 tomates cortados em rodelas
8 tomates cortados ao meio
1 colher de massa de tomate fresco diluída em uma colher de sopa de água
1 dente de alho socado
Hortelã seca
1 xícara chá de arroz branco colocado de molho em água quente
Cebola
Snoubars
Manteiga
Pimenta síria e sal a gosto
Azeite

Modo de preparo:
Corte a ponta do lado da haste das abobrinhas.
Com um furador retire o máximo da polpa com muito cuidado.
Deixe as abobrinhas de molho na água com sal, alho e hortelã.
Enquanto isso refogue a polpa da abobrinha com azeite, cebola,
pimenta síria e sal.
Misture a polpa com arroz e snoubars dourados na manteiga.
Retire as abobrinhas da água e recheie com a mistura sem apertar, pois o
arroz cresce.
Coloque as abobrinhas em uma panela forrada com as rodelas de tomate.
Cubra com os tomates cortados ao meio e a massa de tomate.
Coloque um prato por cima para quando ferver não sair do lugar.
Quando o arroz e a abobrinha estiverem cozidos sirva numa travessa com
o próprio molho.

Molokhia ou Moluhie

"Nos dias dos almoços em família, a Molokhia é que nem feijoada!

Comer e jiboiar depois!"

Curiosidade: É uma planta da família da juta (cochirus olitarius).

Muito conhecida em todo Oriente Médio e Ásia, consumida em forma de caldo.

É um prato egípcio, datado da época dos faraós.

Bom para reduzir o colesterol, baixar a pressão; ajuda na digestão, combate a insônia, tem ação anti-inflamatória entre outros benefícios.

Molokhia ou Moluhie

Serve 6 pessoas

Ingredientes:
600 g de molokhia
3 xícaras de caldo de legumes (de preferência fresco)
1 ramo de coentro
1 dente de alho socado
2 cebolas brancas
3 cebolas grandes vermelhas
2 cravos
1 colher de sopa de manteiga
Sal a gosto

Modo de preparo:
Pique as cebolas vermelhas.
Deixe-as de molho em água, de véspera na geladeira.
No dia seguinte escorra a água e por fim deixe-as de molho no vinagre por, pelo menos, 2 horas.
Desfolhe, lave, seque e pique finamente a molokhia.
Asse as 2 cebolas brancas até que fiquem macias.
Retire as cascas das cebolas.
Passe no processador as cebolas assadas com o alho socado e o coentro.
Depois, em uma panela, derreta a manteiga.
Junte a pasta de cebola, alho e coentro.
Refogue tudo e acrescente o caldo de legumes, a molokhia e os cravos.
Deixe ferver até que a verdura esteja cozida, mas não muito.
Sirva com as cebolas vermelhas picadas.
Obs.: A molokhia deve ser enrolada e picada finamente como couve.

Modo de servir:
A Molokhia deve ser servida em prato de sopa com os acompanhamentos discriminados abaixo e na seguinte ordem:
1. Arroz
2. Cebolas
3. Molokhia
4. Torradinhas

Dica: Sirva com cebola branca e cebola vermelha. Fica colorido e gostoso!
Sirva em tigelas diferentes e com cubos de gelo.

FARTURA
"Andei perguntando para meus primos e amigos que frequentavam os almoços de domingo na casa da Vovó.
- Qual era o menu?
Resposta: - TUDO!
O prato preferido de cada um era colocado na mesa em frente à pessoa.
A mesa da sala de jantar era enorme... (herdei uma toalha de seis metros.)
A fartura da mesa nas casas das famílias árabes impressiona o viajante desavisado.
Não comer? ... Nem pensar!
A maior ofensa possível!
É obrigatório, experimentar, elogiar e provavelmente levar uma marmitinha para casa!
Sempre um festival de gastronomia; dos salgados aos doces."

Ensopados

Os ensopados são pratos rápidos e econômicos.
Ensopado significa bem molhado, encharcado, cozinhado com bastante líquido e em fogo brando.

Ensopado de vagem

Serve 3 pessoas

Ingredientes:
½ quilo de vagem cortada em 3 partes e sem fio
1 cebola grande
2 dentes de alho socado
4 tomates maduros picados
Pimenta síria e sal a gosto
Azeite

Modo de preparo:
Lave as vagens.
Em uma panela doure no azeite a cebola picada, o alho socado, sal e pimenta síria.
Quando dourados, acrescente o tomate e por fim a vagem.
Tampe a panela.
Mexa de vez em quando até cozinhar a vagem.
Sirva quente.

Dica: O ensopado tem outro gosto se for servido com arroz sírio (ver página 93)!

Ensopado de quiabo

Serve 3 pessoas

Ingredientes:
½ kg de quiabos tenros
1 cebola grande picada
4 tomates maduros picados
Coentro
1 dente de alho socado
Sal a gosto
Azeite

Modo de preparo:
Lave os quiabos e seque bem.
Corte as pontas dos quiabos e depois ao meio.
Frite os quiabos no azeite.
Seque bem com papel absorvente e reserve.
Refogue no azeite a cebola, alho e sal.
Acrescente os tomates.
Junte os quiabos e o coentro e deixe cozinhar até que o caldo engrosse um pouco.
Sirva com arroz sírio, ou branco se preferir.

Arroz

"Quando criança, comer arroz sírio acompanhado de coalhada fresca era uma refeição!"

Arroz sírio

Serve 5 pessoas

Ingredientes:
2 ninhos de macarrão cabelo de anjo quebrado em pedaços pequenos ou
1 xícara de macarrão semente de pepino
2 xícaras de arroz
3 colheres de sopa de manteiga ou azeite
Sal a gosto
6 xícaras de água

Modo de preparo:
Lave o arroz e deixe de molho em água morna por 1 hora. Escorra bem
o arroz.
Refogue o macarrão na manteiga até ficar dourado.
Junte o arroz e refogue tudo.
Acrescente a água e coloque para cozinhar em fogo brando até secar a
água e cozinhar o arroz e o macarrão.
Mexa com garfo antes de servir para soltar os grãos.
Esta receita pode ser feita também com azeite no lugar da manteiga.

Arroz com lentilha (Mjadra)

Serve 3 pessoas

Ingredientes:
1 xícara de lentilha
1 xícara de arroz
3 ½ xícaras de água
2 cebolas grandes cortadas de comprido
1 ½ xícara de azeite
Sal a gosto

Modo de preparo:
Lave as lentilhas e coloque-as de molho na água para cozinhar.
Lave o arroz e deixe de molho em água bem quente.
Frite a cebola no azeite até dourar, em fogo brando.
Separe metade da cebola do azeite e reserve para decorar. A outra metade
com todo o azeite adicione às lentilhas que estão cozinhando. Adicione
sal a gosto. Quando as lentilhas estiverem cozidas coe-as. Reserve o
caldo. Misture o arroz com a lentilha e adicione 3 xícaras do caldo coado
(mais uma xícara de água fervendo, se necessário) e cozinhe até ficar
bem soltinho.
Sirva num prato raso e decore com a cebola frita.

> *Dica:* Quando fritar a cebola para decorar o prato, se
> quiser, acrescente uma pitada de canela. O sabor fica incrível!

Quibes

"Kibbeh" quer dizer "bola" em árabe.
Originalmente o quibe surgiu no Iraque como uma comida popular.
Para fazer a carne render... E, acabaram inventando uma receita deliciosa!
Cada país, cada cidade tem a sua especialidade.
Com recheio, ao forno, frito, em bola achatada, oval.

Quibe de batata

Serve 6 pessoas

Ingredientes:
4 batatas grandes
1 xícara de trigo para quibe
1 maço de hortelã fresca
1 colher de café rasa de canela
Pimenta síria e sal a gosto
2 colheres de sopa de snoubar para o recheio

Modo de preparo:
Lave bem o trigo, coloque numa tigela e cubra com água. Deixe de molho até absorver toda a água. Esprema o trigo com as mãos, para retirar o excesso de água.
Descasque e cozinhe as batatas até ficarem bem macias.
Esprema no espremedor de batatas.
Acrescente sal, pimenta síria, canela, hortelã e por fim o trigo. Sempre misturando bem. Espalhe a mistura numa forma redonda de fundo removível.
Coloque o recheio e cubra com o restante da massa.
Faça o desenho em cruz e divida em 8 partes.

RECHEIO
Ingredientes:
1 colher de chá de manteiga ou azeite
½ xícara de snoubar
1 cebola

Modo de preparo:
Coloque a manteiga ou o azeite numa frigideira e doure o snoubar, até que esteja quase no ponto.
Retire do fogo e da manteiga ou do azeite. Reserve.
Atenção o snoubar continua a dourar depois deste processo finalizado. Cuidado para não os queimar. Doure a cebola no azeite e misture com o snoubar.

Quibe de abóbora

Serve 6 pessoas

Ingredientes:
1 kg de abóbora de preferência moranga ou jacaré, bem madura
250 g de trigo para quibe
1 cebola ralada ou processada
4 colheres de sopa de manteiga
Hortelã picada a gosto
Pimenta síria
Pimenta-do-reino
Sal a gosto

Modo de preparo:
Coloque o trigo de molho por 20 minutos, esprema bem.
Cozinhe a abóbora no vapor até ficar bem macia.
Esprema a abóbora, misture com o trigo, a hortelã, a cebola e a manteiga.
Adicione as pimentas e o sal a gosto.
Amasse bem.
Coloque numa assadeira. Divida os pedaços, regue com azeite e leve ao forno a 180 graus até começar a corar nas beiradas. Não deixe corar muito para não ficar seco.
Se quiser recheie com amêndoas, nozes ou ricota fazendo uma camada intermediária.

Quibe de soja

Serve 6 pessoas

Ingredientes:
2 xícaras de soja pequena texturizada
2 xícaras de trigo para quibe
1 cebola ralada
Hortelã seca ou fresca ou as duas
Pimenta-do-reino e sal a gosto

Modo de preparo:
Coloque a soja de molho em água morna por 30 minutos.
Escorra bem e aperte para tirar toda a água.
Lave o trigo e também deixe de molho por 30 minutos até absorver toda a água. Esprema.
Misture tudo muito bem.
Se tiver um processador, coloque toda mistura para deixá-la homogênea.
Divida em 2 partes.
Unte a assadeira com azeite.
Espalhe a metade da massa.
Acrescente o recheio.
Espalhe a segunda metade da massa de forma homogênea.
Recorte como quibe de bandeja: com uma faca molhada, desenhe losangos sobre a massa, sem aprofundar o traço.

RECHEIO
Ingredientes:
2 cebolas cortadas em tirinhas
½ xícara de snoubar
Manteiga

Modo de preparo:
Frite a cebola.
Doure, em outra frigideira, o snoubar na manteiga ou no azeite (como na receita do quibe de batata, ver página 99).
Misture os dois e recheie.

Esfihas

Dizem que os fenícios colocavam carne e cebola no pão que era redondo e assim passaram a fazer a massa do pão com recheio.
Com o passar do tempo foram acrescentando outros ingredientes à massa.
Finalmente temos as esfihas do jeito que conhecemos hoje.

<<< Bandeja de madeira comprada em Essaouira no Marrocos. Toalha de crochê feita a mão por minha Avó Nassiba.

Massa para esfiha

Rende: aproximadamente 20 esfihas

Ingredientes:
1 tablete de fermento biológico (desmanchar na água morna)
1 colher de sopa de manteiga
1 colher de chá de açúcar
1 colher de chá de sal
3 colheres de chá de coalhada fresca
2 colheres de sopa de azeite
4 xícaras de chá de farinha de trigo peneirada

Modo de preparo:
Desmanche o fermento em um pouco de água morna.
Aqueça levemente a manteiga.
Depois junte o leite, a coalhada, o sal, o açúcar, o azeite, sempre misturando bem.
Peneire a farinha de trigo e acrescente.
Amasse vigorosamente até formar bolhas.
Cubra com um pano e deixe descansar por meia hora.
Unte uma assadeira com manteiga.
Faça pequenas bolinhas com a massa, do tamanho de nozes, e abra sem esticar. Elas devem ficar redondas com cerca de 10 cm de diâmetro, sempre deixando as bordas mais grossas.
Coloque o recheio e leve ao forno.
Para fazer a esfiha fechada, coloque o recheio no centro da massa aberta e feche as laterais, formando um triângulo.

Esfiha de zatar

Faça a receita "Massa para esfiha", ver página 106.

RECHEIO
Ingredientes:
3 colheres de sopa de zatar
1 xícara de azeite

Modo de preparo:
Misture o zatar com azeite até formar uma pasta.
Pincele azeite sobre a massa (já aberta e pronta para receber o recheio).
Deixe descansar meia hora.
Espalhe sobre a massa da esfiha a pasta de zatar e leve ao forno.
Não deixe dourar.

Esfiha de coalhada seca

Faça a receita "Massa para esfiha", ver página 106.

RECHEIO
Ingredientes:
2 xícaras de chá de coalhada dura
½ maço de cebolinha picada
Pimenta síria e sal a gosto

Modo de preparo:
Misture a coalhada e a cebolinha e adicione o sal.
Recheie a massa e leve as esfihas ao forno para assar.

Esfiha de ricota

Faça a receita "Massa para esfiha", ver página 106.

RECHEIO
Ingredientes:
500 g de ricota
2 ovos batidos
Manteiga
1 cebola picadinha
2 colheres de sopa de uvas-passas pretas
Pimenta síria e sal a gosto

Modo de preparo:
Amasse a ricota, acrescentando a cebola e os ovos até formar uma pasta.
Adicione pimenta síria e sal.
Acrescente as uvas-passas.
Recheie as esfihas tomando o cuidado para que, em todas tenha as passas.
Leve ao forno para assar.

Esfiha de verdura

Faça a receita "Massa para esfiha", ver página 106.

RECHEIO
Ingredientes:
2 maços de escarola ou acelga
2 cebolas pequenas
Salsinha e cebolinha picadas
1 colher sopa de snoubar dourado na manteiga ou no azeite
e/ou nozes
2 colheres de uvas-passas
2 colheres de sopa de azeite
Suco de limão
2 tomates sem casca e sem semente picados
Sal a gosto

Modo de preparo:
Lave e pique a verdura.
Numa panela refogue a cebola até murchar, junte a verdura, o snoubar (e/ou as nozes), a salsinha e a cebolinha mexendo até refogar.
Acrescente o limão e o tomate.
Tire do fogo e deixe esfriar.
Recheie as esfihas tomando o cuidado para que em todas, tenha o snoubar, as nozes e as passas.
Leve ao forno para assar.
Sirva-as frias com salada e limão.

Dica: As esfihas devem ser muito bem fechadas para o recheio não secar no forno.

Ovos

Ovos fritos com sumac

Serve 2 pessoas

Ingredientes:
2 ovos
1 colher de chá de sumac
Azeite
Sal a gosto

Modo de preparo:
Frite os ovos no azeite.
Polvilhe o sumac.
Adicione o sal a gosto.
Sirva bem quente com pão sírio.

Dica: Os ovos fritos com sumac ficam mais bonitos se servidos em panelinhas de barro individual ou frigideiras individuais.

Ovos mexidos com abobrinha

Serve 6 pessoas

Ingredientes:
6 ovos
1 colher de sopa de leite
2 abobrinhas cortadas em rodelas
1 cebola em rodelas
Azeite
Sal a gosto

Modo de preparo:
Refogue as abobrinhas e a cebola.
Em uma tigela funda, mexa os ovos com um garfo e misture o leite.
Numa frigideira, coloque azeite e a mistura do ovo com o leite, mexendo sempre em fogo baixo para não deixar secar muito.
Junte as abobrinhas, a cebola e o sal a gosto e continue mexendo.
O ponto do ovo é o de sua preferência.

Grãos

Como tudo tem um significado, o grão-de-bico é considerado o grão da felicidade.

Cada grão nasce dentro de uma fava e na primavera, no Líbano, ele é comido fresco.

Muito bonitinho e gostoso.

Cultivado pelos antigos egípcios, gregos e romanos.

Super nutritivo, grande fonte de proteína, vitaminas e sais minerais.

Salada de grão-de-bico com snoubar

Serve 6 pessoas

Ingredientes:
2 xícaras de grão-de-bico
1 cebola picada em cubos
1 tomate grande picado em cubos
1 pepino em cubos
2 colheres de sopa de snoubar dourado no azeite ou na manteiga
Cominho em grãos
Sal a gosto
Azeite
Salsinha

Modo de preparo:
Deixe o grão-de-bico de molho de véspera e cozinhe no dia seguinte.
Tire a pele do grão-de-bico.
Coloque o grão-de-bico em uma tigela e misture todos os ingredientes.
Por último acrescente o snoubar e sirva.

Salada de lentilha vermelha

Serve 3 pessoas

Ingredientes:
1 xícara de lentilha vermelha
1 cebola grande em tirinhas
½ xícara de uvas-passas, brancas e pretas misturadas
4 nozes picadas (pode ser mais ou menos)
Pimenta síria e sal a gosto
Azeite

Modo de preparo:
Doure a cebola no azeite e coloque a lentilha para cozinhar com as cebolas douradas, acrescentando água. Tempere com sal e pimenta síria a gosto.
Escorra as lentilhas depois de cozidas, misture as uvas-passas e nozes picadas delicadamente para não amassar as lentilhas.
Coloque na travessa que vai servir.
Decore com salsinha e sirva a salada fria.

Dica: A lentilha vermelha é menor que a lentilha marrom. Cozinha rapidamente.

Hambúrguer de falafel assado

Serve 6 pessoas

Ingredientes:
1 xícara de grão-de-bico lavado
1 cebola sem casca picada
1 dentes de alho sem casca
½ xícara de salsinha picada
Raspas de 1 limão-siciliano
Suco de 1 limão-siciliano
1 colher de sopa de sementes de cominho tostadas
¾ de colher de chá de sal
½ colher de chá de pimenta-do-reino moída na hora
¼ de colher de chá de pimenta-caiena
2 colheres de sopa de farinha de grão-de-bico

Modo de preparo:
Deixe o grão-de-bico de molho de véspera e cozinhe no dia seguinte.
Pré-aqueça o forno a 200°C.
Coloque no processador o grão-de-bico, a cebola, o alho, a salsinha, as
raspas e o suco do limão-siciliano, o cominho, o sal, a pimenta-do-reino
e a pimenta-caiena. Bata até obter uma mistura granulada; se necessário
acrescente um pouco de água para ligar a massa, mas nunca mais do
que 2 colheres de sopa. Os hambúrgueres se desmancham se a massa
ficar mole demais. Se precisar acrescente água, adicione também a
farinha de grão-de-bico. Acerte o tempero e modele cuidadosamente os
hambúrgueres e lembre-se que a massa fica bem úmida.
Arrume os hambúrgueres em uma assadeira untada e asse por 15 a 20
minutos, virando uma vez na metade do tempo, ou até o ponto desejado.
Sirva com salada e pão sírio.

Bolinho de falafel frito

Serve 4 pessoas

Ingredientes:
Base da receita do hambúrguer de falafel
assado, ver página 123
Azeite ou óleo para fritar

Dica: Fica gostoso comer com picles também!

Modo de preparo:
Fazer bolinhos de uns cinco centímetros de diâmetro com a massa e fritar
no azeite. Fica uma casquinha crocante por fora e macio por dentro.
Coma com tomates e Molho Taratour (ver a receita na página 58).

Curiosidade: Dizem que a origem do falafel remonta
da época dos faraós.
Israel considera o falafel uma comida nacional!
Sírios, libaneses, iraquianos também ...
Vamos deixar isso pra lá e curtir um bom falafel, seja no prato ou
em forma de sanduíche!

Trigo com grão-de-bico

Serve 5 pessoas

Ingredientes:
1 xícara de trigo para quibe
1 xícara de grão-de-bico cozido
½ cebola ralada
2 colheres de sopa de azeite
2 xícaras de água
Sal a gosto

Modo de preparo:
Lave bem o trigo e deixe de molho até absorver a água. Esprema com as mãos para retirar o excesso de água.
Coloque a cebola e o azeite numa panela e deixe a cebola dourar.
Acrescente o trigo e mexa para pegar gosto.
Acrescente o grão-de-bico cozido e o sal.
Coloque água suficiente para cobrir o grão-de-bico.
Deixe cozinhar tampado até secar toda a água e ficar soltinho como arroz.
Coloque numa travessa e sirva com coalhada fresca.

Trigo grosso com lentilha

Serve 6 pessoas

Ingredientes:
2 xícaras de trigo grosso
2 xícaras de lentilha
1 cebola grande cortada em comprido
½ xícara de azeite
5 xícaras de água
Pimenta síria e sal a gosto

Modo de preparo:
Lave a lentilha e coloque para cozinhar.
Doure a cebola no azeite e acrescente o trigo, o sal e a pimenta.
Misture com a lentilha e deixe cozinhar em fogo brando até secar.
Sirva com coalhada fresca.

Balila

Serve 4 pessoas

Ingredientes:
2 xícaras de grão-de-bico colocado de molho de véspera
½ xícara de azeite
½ colher de sopa de cominho em grãos
1 pitada de alho amassado
2 colheres de sopa de snoubar
Sal a gosto

Modo de preparo:
Cozinhe o grão-de-bico e escorra.
Doure o snoubar no azeite.
Aqueça o cominho em outra frigideira até mudar de cor.
Misture o snoubar e o cominho ao alho cru, azeite, e sal.
Tempere o grão-de-bico com esta mistura.
Coloque na travessa em que for servir.
Sirva quente.

Sopa de lentilha vermelha com alho-poró

Serve 4 pessoas

Ingredientes:
1 xícara de lentilha vermelha
1 alho-poró em rodelas
1 cebola grande picadinha
1 colher de sopa de manteiga ou ghee
2 colheres de sopa de azeite
Sal e pimenta síria

Modo de preparo:
Refogue a cebola no azeite até dourar.
Acrescente as lentilhas.
Cubra com água e deixe cozinhar.
Refogue o alho-poró na manteiga e junte com as lentilhas.
Deixe cozinhar.
Sirva quente.

Charutinhos

Charutinhos são consumidos em todo o Mediterrâneo, Grécia, Egito, Líbano, Turquia e Síria. Em cada uma dessas regiões, diferentes nomes são usados para o mesmo prato.

Cada lugar tem uma maneira de temperar os charutinhos; em geral são pequenas variações que acabam dando origem a resultados bastante distintos. Há quem os cozinhe em caldo, no forno, com água salgada, com limão, com hortelã, uvas-passas, nozes, castanhas ou outras oleaginosas, entre outros.

Dica: Os charutinhos devem ser enrolados não muito apertadinhos, pois o arroz cresce.
Dobre as laterais das folhas para dentro depois da primeira virada, para não desmanchar.

Charutinhos de folha de uva no azeite

Serve 8 pessoas

Ingredientes:
500 g de folha de uva em conserva ou fresca
250 g de grão-de-bico
500 g arroz branco ou integral
600 g de tomate sem semente
4 tomates vermelhos firmes cortados em quatro, para forrar a panela
2 cebolas picadas finamente
120 g de salsa picada
1 colher de sopa de manteiga ou azeite
1 colher de sopa de hortelã fresca picada
2 colheres de sopa de essência de romã
Pimenta síria, pimenta-do-reino e sal a gosto

Modo de preparo:
Deixe o grão-de-bico de molho de véspera para soltar as cascas; retire as cascas de todo o grão-de-bico e reserve.
Refogue a cebola na manteiga ou com o azeite, junte o arroz e deixe fritar bem. Retire da frigideira e deixe esfriar.
Depois de frio, adicione o grão-de-bico, o tomate picado, a salsinha, a pimenta síria, o sal e a pimenta-do-reino.
Recheie as folhas de uva com o a mistura do arroz e enrole não muito apertado, pois o arroz cresce.
Coloque no fundo de uma panela os tomates cortados, disponha os charutinhos de uva, coloque a essência de romã e a hortelã fresca. Cubra com água fervendo e deixe cozinhar até que o arroz fique macio.
Sirva frio com coalhada fresca.

Charutinhos de folha de acelga, repolho ou escarola

Serve 4 pessoas

Ingredientes:
1 maço de acelga ou 1 repolho médio ou 1 maço de escarola de folhas grandes
1 xícara de arroz
½ xícara de grão-de-bico
1 tomate sem semente cortado em cubinhos
1 tomate cortado em rodelas
1 cebola cortada em rodelas
Dentes de alho
Hortelã fresca e seca
Salsinha
Limão
Azeite
Sal a gosto
Pimenta síria

Modo de preparo:
Deixe o grão-de-bico de molho de véspera e cozinhe.
Deixe o arroz de molho em água quente por meia hora.
Lave as folhas, seque bem, retire os talos.

RECHEIO
Modo de preparo:
Misture o grão-de-bico com o arroz, o tomate, salsa picada e hortelã seca.
Acrescente sal e pimenta síria a gosto.
Regue com azeite.
Recheie as folhas. Enrole não muito apertado.
O arroz cresce depois de cozido.
Forre a panela com as folhas grandes, os tomates e as cebolas, em camadas.
Arrume os charutinhos.
Intercale os dentes de alho inteiros.
Cubra com água, gotas de limão e sal, coloque um prato por cima para manter os charutinhos arrumados.
Vá testando com um garfo para ver se está cozido.
Escorra o caldo.
Vire para desenformar num prato redondo e sirva em temperatura ambiente.

Doces

Muhli

Rende: aproximadamente 18 xícaras

Ingredientes:
9 copos (de requeijão) de água
1 copo de creme de arroz
3 colheres de sopa de caraway
1 colher de chá de canela
3 copos de açúcar

Modo de preparo:
Numa tigela misture o creme de arroz, o açúcar, a canela e o caraway.
Coloque a água para ferver em uma panela.
Quando a água ferver, acrescente os ingredientes e mexa até ficar na consistência de mingau.
Coloque em xícaras de chá e decore.
Sirva gelado.

Curiosidade: Dizem que o Muhli traz boa sorte para o recém-nascido e aumenta o leite para a mamãe.
As pessoas que vêm dar as boas-vindas ao bebê esperam ser recebidas com uma linda xícara de chá contendo o mingau ricamente decorado com pistache, amêndoas, nozes e snoubar.
Pode acrescentar na decoração uvas-passas e coco ralado.

<<< As oleaginosas que decoram o Muhli são cruas, sem sal e sem pele, deixadas de molho de véspera.

Esnanie ou Snaynieh

Este doce é feito na ocasião do nascimento do primeiro dente do bebê.

Serve 20 pessoas

Ingredientes:
1 quilo de trigo integral sem pele
1 ½ colheres de sopa de grãos de erva-doce
2 paus de canela
1 xícara de chá de amêndoas peladas
1 xícara de chá de pistaches crus e sem sal
1 xícara de chá de snoubar
1 xícara de uvas-passas brancas e pretas
1 xícara de açúcar
½ xícara de água de flor de laranjeira

Modo de preparo:
Lave o trigo, coloque numa panela e cubra com água.
Coloque os grãos de erva doce numa "boneca" de gaze e coloque na panela com trigo.
Acrescente o açúcar, a canela e a água de flor de laranjeira.
Mexa e cozinhe o trigo.
Quando o trigo estiver cozido escorra bem a água.
Deixe esfriar e misture as oleaginosas.
Sirva gelado.

Curiosidade: Água de Flor de Laranjeira (Maé Zahar)
A flor de laranjeira simboliza a virgindade.
É muito utilizada para confeccionar buquê de noivas.
Usada em doces, em caldas e no café branco.
Boa para hidratar a pele e para fazer óleo essencial.

Mingau sírio (Mhalabie ou Malabi)

Serve 8 pessoas

Ingredientes:
1 litro de leite
200 g de creme de arroz
100 g de açúcar
3 grãos de miski misturado com 1 colher de chá de água de flor de laranjeira ou água de rosas

Modo de preparo:
Dilua o creme de arroz em um pouco de leite frio.
Coloque para ferver com o resto do leite e acrescente o açúcar mexendo sempre.
Quando começar a engrossar acrescente o miski e a água de flor.
Decore com amêndoa ralada e geleia de pétalas de rosas ou de damasco seco, como preferir.

Curiosidade: Água de rosas (Al Wadi) com seu embriagador perfume, esconde segredos de saúde e beleza e é utilizada também nas comidas árabes, especialmente nos doces.
As pétalas incluídas na alimentação têm poderes digestivos.
É produzida pelo povo árabe desde o século IX.

Arroz doce à moda síria

Serve 8 pessoas

Ingredientes:
1 litro de leite
1 xícara de café de arroz
2 colheres de sopa rasas de açúcar
1 colher de chá de água de flor de laranjeira

Modo de preparo:
Deixe o arroz de molho em água bem quente.
Ferva o leite com o arroz em fogo brando e mexa sempre até o arroz cozinhar.
Acrescente o açúcar e a água de flor.
Deixe engrossar um pouco.
Sirva puro ou acompanhado de geleia de damasco seco.

Compota de damasco seco

Serve 5 pessoas

Ingredientes:
300 g de damasco seco
1 xícara de açúcar

Modo de preparo:
Deixe o damasco de molho de véspera.
Cozinhe na própria água.
Acrescente o açúcar e deixe ferver até engrossar.
Sirva gelado.

Dica: Se quiser, deixe umas amêndoas de molho de véspera e decore a compota na hora de servir. Fica lindo e delicioso!

Geleia de damasco seco

Serve 6 pessoas

Ingredientes:
300 g de damasco seco
1 xícara de açúcar

Modo de preparo:
Deixe o damasco de molho de véspera.
Cozinhe na própria água.
Acrescente o açúcar e deixe ferver até engrossar.
Depois de pronto deixe esfriar um pouco e bata no liquidificador ou processador.
Até chegar no ponto de geleia.
Sirva gelado.
Muito gostoso com pão e manteiga, biscoito amanteigado.
Ótimo para acompanhar também doces e sorvetes.

Doce de figos secos

Serve 4 pessoas

Ingredientes:
250 g de figos secos
1 e ½ xícaras rasas de açúcar
2 copos de água
1 colher de sobremesa de erva-doce em grãos lavado
100 g de nozes picadas (reserve algumas inteiras para a decoração)

Modo de preparo:
Lave os figos e tire os talos.
Corte os figos em quatro pedaços.
Em uma panela, coloque a água e o açúcar em fogo brando.
Assim que ferver junte o erva-doce e os figos secos.
Deixe cozinhando e mexa de vez em quando para não grudar no fundo da panela.
Quando começar a engrossar adicione as nozes e deixe engrossar um pouco mais.
Coloque na travessa.
O doce engrossa um pouco mais depois de frio.
Decorar com as nozes inteiras.

Doce de damasco seco com amêndoas

Serve 10 pessoas

Ingredientes:
500 g de damasco turco seco
500 g de açúcar
200 g de amêndoas (sem casca)
200 g de açúcar cristal
Forminhas de papel (para servir)

Modo de preparo:
Coloque as amêndoas de molho de véspera e reserve.
Coloque o damasco de molho durante uma hora.
Retire o damasco da água e bata no liquidificador ou processador.
Leve ao fogo com as 500 g de açúcar e 4 colheres de sopa da água do damasco.
Mexa sempre até que fique uma massa homogênea.
Estenda a massa sobre uma superfície bem seca (mármore ou outro material).
Abra a massa com o rolo.
Faça rolinhos da espessura de um dedo (gordo) e corte a cada 3 cm em diagonal.
Passe no açúcar cristal.
Retire as amêndoas da água e seque muito bem.
Coloque uma amêndoa de cada lado dos rolinhos.
Sirva em forminhas.

Geleia de pétalas de rosas

Serve 6 pessoas

Ingredientes:
1 bandeja de pétalas de rosas para fim alimentício.
½ a 1 limão
6 colheres de sopa de açúcar
Importante: Use rosas que foram cultivadas para fins alimentícios e sem agrotóxico. Não são as que se encontram em floriculturas. Encontram-se em bons supermercados.

Modo de preparo:
Lave e seque as pétalas das rosas, deixando-as inteiras.
Retire o fundo e as partes brancas.
Se usar rosas grandes, corte as pétalas em tirinhas (em 3 ou 4 tiras cada pétala)
Em uma panela, cubra as pétalas com água e ferva por 15 minutos.
Deixe esfriar.
O líquido vai ficar feio (meio marrom).
Você vai se perguntar: mas onde foi parar aquele lindo colorido?
Não fique triste! E muito menos jogue tudo no lixo.
Acrescente o suco de limão e... ufa, de volta a linda cor!
Acrescente o açúcar e leve ao fogo por 10 minutos (sempre mexendo).
Deixe esfriar e sirva.
Acompanha doces ou sorvete de miski.
Fica gostoso também com pão e manteiga no café da manhã ou a qualquer hora.

Dica: Pode ser feita com rosinhas coloridas (sempre comestíveis), no final ficam vermelhas!

Curiosidade: As primeiras rosas foram cultivadas nos jardins da Pérsia há 5000 anos.
Escolha as vermelhas ou as cor-de-rosa ou misture as duas.
Vermelha = paixão e amor / Rosa = amizade e carinho

Sorvete de miski

Serve 6 pessoas

Ingredientes:
1 litro de leite
1 a 2 xícaras de chá de açúcar
2 grãos grandes ou 3 pequenos de miski
2 colheres de sobremesa de amido de milho
Pistache para enfeitar, colocados de molho e depois ralados

Modo de preparo:
Com um pouco de leite frio, desmanche o amido de milho.
Leve ao fogo uma panela colocando o açúcar e o restante do leite.
Mexa até ficar na consistência de um mingau grosso.
Deixe esfriar, acrescente o miski e mexa até o mingau ficar puxa-puxa.
Coloque numa forma e em seguida coloque na geladeira. Quando estiver gelado, retire da geladeira e bata a massa.
Repita por 3 vezes até que a massa que lisa e cremosa.

Dica: Sirva com o pistache ralado. Que delícia!

Curiosidade: Nos países árabes, servem o sorvete de miski na casquinha e depois rolam o sorvete numa bacia de pistaches ralados, bem verdinhos.
Um verdadeiro manjar dos Deuses!

Bebidas

Arak

O anis é usado na preparação do Araque ou Arak.
Bebida alcoólica destilada, clara, incolor.
Servida como aperitivo tradicional em todo Oriente Médio.
Servida com água, quando adquire o aspecto leitoso.
É uma bebida destilada, com alto teor alcoólico: 45,9%.

"Ficava encantada com o Arak desde pequena.
Aquele líquido transparente que ficava da cor do leite assim que
misturado com água...
Permitindo-me cheirar... e que cheirinho delicioso de anis!
Igual as balas pretas que meu Vovô distribuía todos os domingos
para os netos que faziam fila para ganhar a sua cota."

Dica: O Arak deve ser servido individualmente e na hora, nunca em jarra.

Curiosidade: Também conhecida como:
Ouzo na Grécia (chamada de Tigre Grego)
Raki na Turquia (chamada de Leite de Leão).
Pastis na França.
Ojen na Espanha.
Todos destilados com sabor de anis.

Café turco com cardamomo

Serve 5 pessoas

Ingredientes:
1 colher e meia (sopa) de pó de café
2 copos de água
1 semente de cardamomo (opcional)

Modo de preparo:
Ferva a água, junte o pó sem mexer.
Quando a fervura subir, retire do fogo, deixe a fervura abaixar, leve novamente ao fogo e repita este processo por três vezes.
Pingue algumas gotas de água fria para abaixar o pó, deixe descansar por um minuto.
Sirva devagar para não agitar o pó que está no fundo.
Coloque uma semente de cardamomo se quiser. Tome quente.

Curiosidade: A borra do café serve para prever o futuro. Depois de degustar todo o café e só tiver sobrado a borra no fundo da xícara, vire a xícara sobre o pires e deixe descansar por alguns minutos.
Coloque a xícara cuidadosamente, virada, na beirada do pires para deixar o ar entrar e deixe secar o restante da borra que ficou nos lados da xícara. Deixe nesta posição por cinco minutos. Vire a xícara devagar, despreze o pó que ficou no pires. Pronto!
Tem sempre alguém nas famílias árabes que sabe interpretar os caminhos que o pó de café deixou marcado na sua xícara e dizer se você vai casar, ficar rico, viajar e ter três filhos... Esta prática é muito comum. O bule é lindo, geralmente de cobre. Serve de enfeite quando não está em uso.

<<< O café turco está servido em xícaras especiais e servido com o bule do Vovô Miguel (gentilmente cedido pela prima Maria Helena). Este café é apreciado durante o jogo de gamão (jogo de tabuleiro típico dos países árabes). Nas ruas, porta de bar, na praia, nas casas, sempre tem gente jogando...

Café branco

Depois das refeições é costume servir café turco e também café branco.

Serve 4 pessoas

Ingredientes:
4 xícaras de água
2 colheres de chá de água de flor de laranjeira
½ xícara de hortelã fresco
Mel (opcional)

Modo de preparo:
Coloque as folhas de hortelã fresco de preferência num bule transparente.
Acrescente a água fervida.
Junte a água de flor de laranjeira.
Adoce com mel (opcional).
Coloque nas xícaras transparentes próprias para café branco.
Acrescente uma folhinha de hortelã para decorar.

Curiosidade: O café branco é conhecido por dar sono!
Geralmente servido depois do jantar.
É tiro e queda!
Os pais vão dormir e os jovens namorar!
Era assim que era...

<<< O café branco está servido em xícaras trazidas do Líbano, especialmente para servir este café.

Limonada com xarope de romã (grenadine) e água de rosas

Serve 5 pessoas

Ingredientes:
1 litro de água
2 limões-siciliano
½ copo de xarope de romã
1 colher de café de água de rosas
Açúcar a gosto

Modo de preparo:
Lave e seque os limões.
Esprema os limões num espremedor para obter o suco.
Misture o suco de limão e a água na jarra em que for servir.
Acrescente o xarope, a água de rosas e o açúcar.
Misture bem e sirva gelada.

Dica: Se não encontrar o xarope de romã, substitua por um copo de suco pronto de romã. Fica ótima com água gasosa.

Curiosidade: Fruta da sorte e do amor, a romã é muito usada desde a antiguidade. Há registro de restos desta fruta nas tumbas dos faraós egípcios. Originária do Oriente Médio.
Repleta de vitaminas A, B, C, cálcio e magnésio.
É antioxidante e pode auxiliar no combate do colesterol alto.
Consagrada à Afrodite e citada por William Shakespeare em "Romeu e Julieta". Existem muitas simpatias e crenças relacionadas à romã: sorte, dinheiro e amor são algumas delas.
Seu preço sobe no mercado na época do Réveillon e no Dia de Reis (no Brasil).

Limonada de rosas

Serve 5 pessoas

Ingredientes:
1 litro de água
2 limões (pode ser galego, taiti ou siciliano)
Açúcar a gosto
1 colher de sopa rasa de água de rosas

Modo de preparo:
Lave e seque os limões.
Esprema os limões num espremedor para obter o suco.
Escolha uma jarra bem bonita e misture o suco de limão e a água.
Acrescente a água de rosas e o açúcar.
Mexa bem e sirva gelada.

Limonada oriental

Serve 5 pessoas

Ingredientes:
1 litro de água
2 limões-siciliano
Açúcar a gosto
1 colher de sopa rasa de água de flor de laranjeira

Modo de preparo:
Lave e seque os limões.
Esprema os limões num espremedor para obter o suco.
Misture o suco de limão e a água na jarra em que for servir.
Acrescente a água de flor de laranjeira e o açúcar.
Misture bem e sirva gelada.

Agradecimentos

Agradeço às minhas filhas, Adèle e Mirella, que me incentivaram a escrever ao me pedirem um caderno com as receitas árabes vegetarianas de "todo dia".

Ao meu marido Aky, com quem vivo grandes experiências e com quem viajo sempre. Lembranças de quando casamos em 1975 e em seguida fomos morar em Beirute, no Líbano, e sobrevivemos à guerra. Depois moramos na cidade do Cairo, no Egito, assim que o presidente Sadat assumiu o governo. Viajamos muitas vezes para Síria, Jordânia e mais tarde para os Emirados Árabes.

Ao Júlio, amigo de uma vida, por todo seu carinho e incentivo. Por acreditar em mim e dedicar seu precioso tempo a este meu sonho, que se tornou realidade!

À Mariluce, por toda sua experiência e "savoir faire".

À querida prima Maria Helena pela grande amizade e carinho de irmã.

À amiga Ivonette, pela dedicação e principalmente pela animação!

À Elzinha que esteve ao meu lado, com todo seu otimismo e entusiasmo, durante a produção das comidas para as fotos deste livro, dizendo: "vai dar tempo, vai dar certo!".

À minha Tia Adélia (in memoriam) que sempre me inspirou, até dando umas aulas de árabe acompanhadas de deliciosos lanches.

Ao Jorge, pela receita deliciosa do quibe de abóbora.

À equipe de produção:

Mario, Marcio, Carmelita, e o amigo mais que especial João Farkas.

À Anita, muito querida, que com todo carinho e atenção revisou o que escrevi sobre as propriedades nutricionais dos ingredientes.

Aos preciosos comentários das amigas queridas, Morena Leite, Bruna Lombardi e do amigo querido Nizan, que compartilham comigo da mesma descendência.

RUTHINHA

Índice Remissivo

Especiarias 17
Açafrão 18
Caraway 18
Cardamomo 18
Cominho 18
Cravo-da-Índia 18
Gergelim 19
Hortelã ou menta seca 19
Miski 19
Noz-moscada 19
Pimenta-do-reino 20
Pimenta síria (Bahar) 20
Sumac 20
Zatar 20

Oleaginosas 23
(Pistaches, amêndoas, nozes, castanhas, snoubars)

Mezze 25
Pão sírio 26
Azeite de oliva 26
Azeitonas 27

Pastas 29
Tahine 29
Pasta de berinjela (Babahanush) 30
Pasta de grão-de-bico (Homus) 31
Pasta de pimentão vermelho (Mahamara) 32

Coalhadas 35
Coalhada fresca 37
Coalhada seca 39
Bolinha de coalhada no azeite 40
Tâmaras na coalhada 41
Pepino na coalhada 43
Berinjela com coalhada, zatar e romã 45

Saladas 49
Tabule libanês 51
Tabule sírio 53
Tabule marroquino 55
Fatuche 57
Molho de gergelim (Taratour) 58
Salada de beterraba com Molho Taratour 59
Salada de couve-flor com Molho Taratour 60
Salada de talos de acelga com Molho Taratour 61

No azeite 63
Vagem no azeite 65
Quiabo no azeite 67
Escarola no azeite 69
Espinafre no azeite 70
Favas no azeite (Ful Medammas) 71
Berinjela no azeite 72

Legumes recheados 75
Recheio para legumes 76
Berinjela recheada 77
Abobrinha recheada 79

Molokhia ou Moluhie 81

Ensopados 85
Ensopado de vagem 87
Ensopado de quiabo 89

Arroz 91
Arroz sírio 93
Arroz com lentilha (Mjadra) 95

Quibes 97
Quibe de batata 99
Quibe de abóbora 101
Quibe de soja 103

Esfihas 105
Massa para esfiha 106
Esfiha de zatar 107
Esfiha de coalhada seca 110
Esfiha de ricota 110
Esfiha de verdura 111

Ovos 113
Ovos fritos com sumac 114
Ovos mexidos com abobrinha 115

Grãos 117
Salada de grão-de-bico com
snoubar 119
Salada de lentilha vermelha 121
Hambúrguer de falafel assado 123
Bolinho de falafel frito 124
Trigo com grão-de-bico 125
Trigo grosso com lentilha 127
Balila 128
Sopa de lentilha vermelha com
alho-poró 129

Charutinhos 131
Charutinhos de folha de uva
no azeite 133
Charutinhos de folha de acelga,
repolho ou espinafre 134

Doces 137
Muhli 139
Esnanie ou Snaynieh 141
Mingau sírio (Mhalabie ou
Malabi) 143
Arroz doce à moda síria 144
Compota de damasco seco 145
Geleia de damasco seco 146
Doce de figos secos 147
Doce de damasco com
amêndoas 149
Geleia de pétalas de rosas 151
Sorvete de miski 153

Bebidas 155
Arak 155
Café turco com cardamomo 157
Café branco 159
Limonada com grenadine e água
de rosas 161
Limonada de rosas 162
Limonada oriental 163

Dados Internacionais de Catalogação na Publicação (CIP)
(Câmara Brasileira do Livro, SP, Brasil)

Salem, Ruthinha
  Cozinha árabe vegetariana / Ruthinha Salem. --
São Paulo : DBA Editora, 2019.

  ISBN 978-85-7234-564-4

  1. Culinária árabe 2. Culinária vegetariana
  3. Receitas (Culinária) 4. Vegetarianos I. Título.

  19-28420   CDD-641.563653

          Índices para catálogo sistemático:
  1. Cozinha árabe : Receitas : Culinária vegetariana :
     Economia doméstica   641.563653
  Cibele Maria Dias - Bibliotecária - CRB-8/9427

Editor: Alexandre Dórea Ribeiro
Autora: Ruthinha Salem
Coordenação e Edição: Adèle Sader Abdalla
Revisão: Mariluce Moisés de Deus Vieira
Fotos: Mario Gustavo Coelho
Fotos da autora: João Farkas, Mario Gustavo Coelho
Projeto Gráfico e Diagramação: Lili Chiofolo Design Studio
Impressão: Gráfica Santa Marta

As propriedades nutricionais citadas foram revisadas pela Profa.
Dra. Anita Sachs, Nutricionista, Profa. Adjunta do Departamento
de Medicina Preventiva – Escola Paulista de Medicina / Unifesp.
Membro do Comitê de Ética em Pesquisa da Unifesp.
São Paulo, Brasil.

1ª reimpressão | novembro de 2019

Impresso no Brasil

DBA Dórea Books and Art
al. Franca, 1185 cj. 31 • cep 01422-001
Cerqueira César • São Paulo • SP • Brasil
tel.: (55 11) 3062 1643
dba@dbaeditora.com.br • www.dbaeditora.com.br